*La Revolución del sistema del DINERO
para la Prosperidad de la Humanidad*

AF140026

La Revolución
del sistema del DINERO
para la Prosperidad de la Humanidad

_____

Rafael D. Kasischke

Información bibliográfica de la Biblioteca Nacional Alemana
La Biblioteca Nacional Alemana ha registrado esta publicación en la
Bibliografía Nacional Alemana. La información bibliográfica detallada
está disponible en Internet a través de www.dnd.d-nb.de

Diseño de portada, composición, producción y editorial:
BoD – Books on Demand, Norderstedt - Alemania

ISBN: 978-3-7357-1724-5

*Este libro está dedicado a mis hijos
Melina y Delano, así como a sus futuros hijos.
Melina y Delano representan aquí
a su generación, igual que sus futuros hijos
representan a la generación que vendrá.*

*Que estas generaciones reciban el privilegio
de tener una nueva conciencia sobre el mundo,
su misión en la vida y las tareas frente a sus
conciudadanos.*

*Y que los niños del futuro nazcan con la conciencia
de que el AMOR y el CORAZÓN son los requisitos
más importantes para la humanidad.*

*El 50% del precio de este libro es donado al fondo
«**FUND for the next Generation**».*

Índice de contenidos

Prólogo

Vivimos en un mundo sometido a un gran cambio. El cambio más importante y revolucionario será el que experimentará nuestro punto de vista sobre lo material.

Mucha gente ha hecho de lo material su seguridad. Para mí, es muy importante apoyar a estas personas en su interior, hacerles ver su potencial innato y trasmitirles un nuevo enfoque hacia lo material. Porque lo material no representa la seguridad del ser humano, sino que son **nuestros propios dones, talentos y potenciales** los que constituyen las fortalezas de una persona y, con ello, su seguridad.

Quisiera demostrar a las personas cómo pueden ser parte de algo NUEVO y cómo salir reforzados de esta transformación – tanto a nivel financiero como emocional.
Este cambio supone empezar de cero en nuestra ACTITUD frente a muchas cosas.

Actualmente, los valores están cambiando.
Cada vez son más las personas que dejan de fijarse tanto en el sistema económico y su estimación porque se dan cuenta de los errores y la injusticia que alberga.
Al mismo tiempo, empezamos a ver cómo queremos vivir realmente y qué es lo que nos hace felices.
Deberíamos abrir nuestros CORAZONES. Y deberíamos liberar nuestro espíritu para que sea totalmente capaz de crear PENSAMIENTOS NUEVOS.

No obstante, son muchos los que se siguen rigiendo por los modelos y estructuras del pasado. Estas personas todavía no se han dado cuenta de que el mundo está cambiando y que las estructuras de antaño han perdido su validez. Hoy, hay una serie de desarrollos en marcha totalmente nuevos e invisibles.

Aquellos que estén abiertos a cambiar, están experimentando cambios personales y están pasando por malos momentos: padecen desde miedos existenciales hasta depresiones, entre otros. Literalmente, estas personas no tienen dónde agarrarse. Pero saldrán reforzados de la situación siempre que sigan estando abiertos a cambios personales y dispuestos a recibir un sistema nuevo.

Todo lo que sucede sirve para purgar y renovar, al mismo tiempo que saca a relucir nuestros potenciales. Nos separamos de muchas cosas que hasta ahora habíamos tenido por válidas y optamos por aquello que nos caracteriza tal y como somos. De este modo, nos abrimos a nuestro ser auténtico y al AMOR incondicional.

Responsabilidad, valores y espiritualidad son los elementos que impregnan el nuevo paradigma. Son testigo de una nueva era, la era de la economía sostenible.
Cuando un sistema entra en crisis, nace la oportunidad de madurar algo en nuestro interior que pueda salir y cambiar.

Las crisis son buenas para dejar crecer nuevas cualidades de la economía. Las crisis son sanas. Purgan y abren paso a una nueva situación.

El viejo árbol enfermo cae para dar paso a un árbol joven.

«Los cambios no se producen hasta que un cambio de valores no se encuentra con la necesidad económica.»

John Naisbitt

Introducción

«Hay dos grandes días en la vida de una persona:
el día en que nace y el día en que descubre por qué.»
William Barclay – Teólogo neerlandés

«We have a dream»: queremos que la gente sea feliz, esté contenta y goce de salud – tanto emocional como financiera. Queremos crear PROSPERIDAD – para cuántas más personas mejor. Para conseguirlo, necesitamos adoptar una nueva ACTITUD hacia el DINERO:

**Una relación con el DINERO con sentido,
con aprecio y cariño.**

Se trata de un nuevo sistema de VALORES.
Se trata de encontrar el EQUILIBRIO entre lo material y lo inmaterial.

Estamos atravesando un cambio en la historia mundial agitador y, al mismo tiempo, valioso: un cambio que afecta a la **sociedad**, a nuestra **mentalidad** y, en especial, a **nuestra actitud frente al DINERO**. Esta transformación no afecta solo al mundo, sino también al **DINERO**.

El DINERO ha sido siempre un IMÁN para la humanidad. Nos sentimos atraídos a este IMÁN, por lo que el DINERO ha logrado obtener una importancia sobredimensional.

Muchos lo han venerado como el «becerro de oro», esforzándose para ganar dinero y acumularlo como fin de su existencia, porque pensaban que el dinero les traería la FELICIDAD, mientras la SALUD y la vida en sí quedaban relegadas a un segundo lugar. Y sin embargo, ¿hemos conseguido ser más felices de este modo?

Ahora ha llegado el momento **de cambiar nuestro comportamiento, nuestras convicciones y nuestro entendimiento sobre el DINERO.** El mundo del dinero se convertirá en el mundo del *MONEY & SPIRIT.*

El dinero debería estar al servicio del ser humano, y no el ser humano al servicio del dinero.

En el futuro, el dinero irá unido al CORAZÓN.

Pero antes tenemos que **sanar el origen**, esto es, la manera en que las personas han ido acumulando dinero.

De este modo, ayudaremos a sanar nuestras ALMAS, porque mucha gente, al igual que hizo el Faust de Goethe, «ha vendido su alma al diablo».

A través del dinero, se han dejado seducir por la avidez, el EGO y el poder.

Ahora el ser humano debe redescubrir su ALMA y ser consciente de su verdadero destino, vivirlo y crecer por dentro para que pueda curarse antes de «irse a casa».

Se trata de recompensar a la sociedad y a los recursos vinculados que hemos estado explotando: la tierra, el agua, la naturaleza, la mano de obra... y un largo etcétera.

Ha llegado la hora de devolver aquello que hemos tomado prestado y de reinvertir en los recursos.

Y debemos DEJAR ALGO.
Cuando era niño, un día mi madre me preguntó:
«¿Qué te gustaría ser de mayor?».
Y como no sabía qué responder, ella añadió:
«Deberías construir algo en tu vida, algo de lo que puedas estar orgulloso, algo para dejar al mundo y que la gente lo recuerde».

Quiero DEJAR ALGO: a mis hijos y a todas las jóvenes generaciones.
Porque, al fin y al cabo, lo más importante para los seres humanos es precisamente eso: nuestros HIJOS y NIETOS.

Paralelamente, me gustaría dar algo también a nuestras generaciones jóvenes y mayores actuales: transmitirles el mensaje de que nuestro patrimonio interior es, con creces, mucho más grande, más valioso y rico que nuestro patrimonio exterior. Y que nuestra **seguridad** no debería depender de lo **material**, sino de nuestro **patrimonio interior**.
Deberíamos guardarnos esta idea del conocimiento y apoyarnos en ella.

Me gustaría demostrar, pues, que hay algo más aparte de lo material, algo más importante y más profundo, algo que todos llevamos en nuestro interior porque nacemos con ello: nuestros **potenciales y talentos**.

Hoy toca hacer lo siguiente: dejar de confiar únicamente en el exterior y empezar a confiar en uno mismo, en sus **fortalezas internas**, porque los valores materiales son pasajeros.

Deberíamos actuar de manera más digna y benévola con nuestros **valores internos**.

El ser humano es el fideicomisario y administrador de todos aquellos tesoros que se le depositan en la cuna al nacer y que deja atrás cuando se va.

Lo único que se nos permite llevarnos son nuestras impresiones sobre cómo hemos actuado con dichos tesoros.

¿Pero qué hacemos realmente las personas con estos tesoros?

¿Utilizamos el dinero con raciocinio?

Y sobre todo: ¿gestionamos bien el dinero?

¿Cómo puede ser sino que a pesar del bienestar material, haya tanta gente en búsqueda de un SENTIDO – el sentido y la felicidad de vivir?

La respuesta: **debemos unificar DINERO y SENTIDO.** Porque hasta ahora no se ha establecido ningún vínculo entre los dos. ¿Cómo podemos comprar el SENTIDO? ¿Y cuánto cuesta el SENTIDO? Sabemos que el SENTIDO no se puede comprar. La única opción para obtener algo de SENTIDO es involucrando a nuestro ESPÍRITU, el ESPÍRITU que debemos vincular al DINERO. Así pues, **tenemos que integrar el ESPÍRITU en el DINERO.**

Tenemos que comprender que **el DINERO no nos trae la felicidad**. Para ello hay que cambiar de INTENCIÓN. Ya no se trata de ganar DINERO para uno mismo o erigir el «becerro de oro» para contentar a nuestro EGO. Para ser felices y estar sanos como personas **tenemos que ver el DINERO desde otra perspectiva**, o sea aprender una nueva CONCIENCIA.

Nuestra INTENCIÓN debe ser hacer algo BUENO con el DINERO: emplearlo para los seres humanos y sus necesidades, destinarlo a su EDUCACIÓN, SALUD y ALIMENTACIÓN, así como en la implementación de sus IDEAS y TALENTOS.
Si cambiamos nuestra INTENCIÓN – con el objetivo de crecer – y hacer algo bueno **para nosotros Y para los demás**, entonces seremos recompensados y recibiremos algo a cambio.

Si unimos el DINERO con los VALORES INTERNOS y, por consiguiente, con nuestro CORAZÓN, y lo empleamos para los seres humanos, obtendremos SATISFACCIÓN y SALUD.
Y, además, nuestra inversión financiera crecerá.

En el futuro, el DINERO nos hará felices cuando dejemos de verlo con MIEDO, PODER, AVIDEZ y EGO, y empecemos a unirlo a nuestro CORAZÓN y lo pongamos a disposición con ALEGRÍA.

Nuestra conciencia del DINERO hasta ahora

«El dinero es un instrumento incalculable
e importante, un medio
que puede ser bueno y valioso poseer y utilizar,
pero que lleva a las cadenas
si nos dejamos poseer por él.»
Snah Sneleiw

El mundo está experimentando un cambio fundamental – un cambio al que también el DINERO se somete. Sin embargo, la transformación más relevante y revolucionaria es la que experimenta **nuestra ACTITUD, nuestra mentalidad hacia lo material**. Hasta ahora, han sido muchos los que se han regido por lo material.

Este cambio es bueno y necesario, porque el flujo – el FLUJO DE DINERO – se ha quedado estancado debido a la sobrevaloración del enfoque material.

Además, este flujo no contiene valores, sino que alberga incontables falsedades y deshonestidades, tales como corrupción, infidelidad, codicia por el dinero y los beneficios, y frialdad social. Para que las personas vuelvan a distinguir el SENTIDO, sean felices y tengan ganas de vivir, hay que limpiar el flujo del dinero.

Si el agua del río está limpia, las personas son más felices. Sinceridad y veracidad, transparencia y justicia, confianza y fe, decencia y ética, humildad y sencillez, junto con el sentido común y el bienestar común, son los elementos que purgan el río.

El nuevo FLUJO DE DINERO crece en nuestro interior y fluye del interior al exterior.
Se basa en una nueva ACTITUD y en una nueva FE – en una nueva relación con el dinero.

Nuestra misión es la TRANSFORMACIÓN del DINERO:
- abandonar un enfoque puramente material del dinero, para conseguir la UNIDAD con el ESPÍRITU
- dejar de centrarse en la cara externa del dinero y darnos cuenta de que el dinero también tiene una cara interna.

El dinero también INFLUYE en nuestra vida interior – en nuestros PENSAMIENTOS y SENTIMIENTOS. Miedo, depresiones y otras emociones van de la mano con el DINERO.
Para romper y salir de este «círculo vicioso» tenemos que desarrollar una nueva CONCIENCIA y una nueva RELACIÓN con el dinero.

Tenemos que cambiar la forma de pensar: no podemos seguir considerando el dinero como un producto independiente y material, separado de nosotros. El DINERO no está separado de nosotros. El DINERO está estrechamente vinculado a todos y cada uno de nosotros. Y este es el nuevo gran descubrimiento: el DINERO está unido con nuestro «yo» superior, que es nuestra ALMA. Mantienen una relación simbiótica el uno con el otro.

Hasta ahora, el DINERO siempre se había considerado como algo abstracto y una propiedad personal. Muchos se vuelven egoístas y obstinados cuando hay dinero de por medio. Se agarran a lo material y se hacen dependientes de él, hecho que les lleva a TEMER por su dinero y sus bienes materiales.

Pero el dinero no está separado de los seres humanos. El DINERO mantiene una **relación** con todos y cada uno de nosotros. Mantiene una **conexión** con cada uno de nosotros y tiene una historia que contar. Existe una razón por la que unos tienen tanto dinero y otros, tan poco.

A lo largo de mi vida, he acompañado a muchos empresarios y hay algo que siempre me ha llamado la atención: en tanto que estas personas trabajan con su dinero, son felices – incluso cuando tienen pérdidas, porque son pérdidas fruto de sus propias decisiones. Sin embargo, cuando dejan su dinero en manos ajenas, como por ejemplo, los bancos o *Money Managers*, se separan de su dinero.

¿Qué significa esto? Significa que el dinero va unido a nosotros – a los seres humanos. En realidad, **va unido al corazón**. Cuando lo entregamos, separamos el dinero de nuestro corazón. Entonces rompemos la relación de ENERGÍA con nuestro dinero.

Para intensificar esta energía, es importante que en el futuro construyamos un sentimiento – una convicción, una sensación de conexión – con nuestro DINERO otorgándole una finalidad noble.

Una vez le hice la pregunta siguiente a un conocido escritor, autor de un libro sobre las intenciones nobles: ¿Cómo cambiaría el DINERO si le atribuyéramos un «*noble PURPOSE*»? ¿Crecería entonces el dinero con gran éxito?

Su respuesta fue muy clara: «¡Sí!». Él mismo había tenido acciones de dos empresas con las que se sentía vinculado de corazón y sentimiento y que tenían un «*noble purpose*». Así pues, estaba conectado a las dos empresas. Además, había asumido la responsabilidad derivada de su inversión monetaria.
Tuvo un gran éxito con estas inversiones.

Después, ya no tuvo tanta suerte con inversiones posteriores porque había perdido la conexión con sus inversiones y había dejado que le administraran su dinero y, por consiguiente, no había podido otorgar a su dinero un «*noble purpose*».

El escritor apuntó otro factor de peso: debemos mantener el DINERO físicamente en la mano para construir una relación con él. Es decir, no deberíamos pagar con tarjeta de crédito, sino recibir el dinero en efectivo y pagar con efectivo.
Respecto a nuestra riqueza material: las cifras en los extractos bancarios o depósitos son meros números del computador con los que no mantenemos ningún tipo de vínculo personal o sentimental.

El Mensaje es: Los VALORES INTERNOS son el prerrequisito de los VALORES EXTERNOS.

Nuestros valores internos también están formados por nuestro ESPÍRITU y nuestra fe en algo superior, por encima del ser terrenal.

En el futuro, la **espiritualidad** ganará una gran importancia.
Cuando entramos en contacto con nuestros valores internos, podemos aceptar la riqueza externa como un regalo, alegrarnos por recibirla y seguir regalándola con sentido. El prerrequisito para establecer una conexión con nuestros valores internos pasa por ser conscientes de que todo está interconectado.

La futuróloga Patricia Aburdene ha identificado la **ESPIRITUALIDAD** como la megatendencia de nuestra era. Según ella, el capitalismo de la vieja escuela ha quedado obsoleto. Nos encontramos ante un nuevo comienzo muy importante: el de un capitalismo consciente y consabido.
El ser humano tiene el poder de transformar el capitalismo: como inversionistas, consumidores y empresarios.
Y el capitalismo tiene el poder de transformar el mundo.

La vinculación del DINERO
con principios superiores

«Al principio había el silencio.
El silencio de las rocas, del cielo, de la hierba.
El silencio de la noche y de la mañana creadora.
Mucho antes de que todo fuera llamado por su nombre,
antes de que la montaña fuera montaña,
la piedra fuera piedra, la tierra fuera tierra,
había silencio creador.
La eternidad de todas las ideas y palabras,
el respeto de la vida ante el misterio.
Antes de que yo, de que todos,
fuéramos llamados por nuestro nombre,
el mundo era silencioso.»

Sabiduría popular india – de Wolfgang Peoplau

Todo es ENERGÍA: nuestros pensamientos, nuestras emociones, nuestro cuerpo – y también nuestro DINERO. La energía debe fluir. Cuando fluye, la energía regresa a nosotros.
Cuando nos encontramos en exceso en el ámbito del entendimiento, la energía no puede fluir porque no está ligada a nuestro corazón.
Y lo mismo sucede con el dinero. Si estamos demasiado ocupados acumulando DINERO sin involucrar el corazón, el dinero no puede fluir ni crecer.
El DINERO solamente crecerá si lo vinculamos a BUENAS INTENCIONES y a una FINALIDAD NOBLE.
El DINERO no prospera si lo tratamos negativamente o con indiferencia.

Dejaremos de darle tanta importancia al materialismo como hemos hecho hasta ahora y daremos paso a la espiritualidad. En el camino hasta esta meta, nos ayudará nuestra fe en nosotros mismos y nuestra fe en algo superior, más grande y más universal.

Me pregunto si existe un mundo espiritual y universal. En mi opinión, y por lo que me dice la experiencia, la espiritualidad desempeña un papel crucial, un papel más relevante que el mundo material. Creo que aquello que no podemos percibir en el mundo inmaterial es mucho más poderoso que todo lo que está al alcance de nuestra vista.

> *«Benditos aquellos que no ven y tienen fe.»*
>
> *Jesucristo*

La solución a la crisis financiera actual, y a la crisis de fe, vida y sentido, yace pues en nuestro interior: **en nuestra forma de pensar, nuestras ideas y opiniones**, y no en el exterior.
La solución no consiste en modificar las circunstancias externas, sino que la transformación debe empezar en el interior del ser humano. Solo así podremos modificar el exterior.

Esto significa que **tenemos que cambiar nuestra actitud interna**, esto es, **la forma en que pensamos y los dogmas que seguimos.** Nuestra postura interna debería estar orientada a conseguir una mayor satisfacción, ser más agradecidos y optimistas.

Se trata de darse cuenta de que el dinero no lo es todo en esta vida. En cualquier caso, no es ninguna fuente de seguridad, porque podemos desprendernos de él en cualquier momento. **La única seguridad se funda en nosotros** y solamente de ella crecen el RECONOCIMIENTO y la APRECIACIÓN.

Así pues, no deberíamos intentar conseguir la SEGURIDAD, ni tampoco el reconocimiento o la consideración, a través de los valores externos. Porque, ¿qué sucede cuando ya no queda nada del patrimonio material? Pues que nuestros miedos y temores se hacen cada vez más grandes.

Para evitarlo, tenemos que construir nuestro estado interno.

Tenemos que ser conscientes de nuestros **VALORES internos** y restar importancia a los **VALORES externos**, hasta alcanzar el **EQUILIBRIO**.

Y tenemos que ser conscientes de que el ESPÍRITU pertenece a lo material. Lo material y lo espiritual van unidos de la mano.

Tenemos que aprender y comprender a crear materia con el ESPÍRITU. Porque el ESPÍRITU es el prerrequisito necesario para crear algo REAL (MATERIAL). Lo material no existe sin el espíritu, sin la conciencia. Esto nos lo ha enseñado la ciencia.

Nuestra conciencia crea la realidad, siempre que no estén separadas la una de la otra.

Antes de crear algo material, esbozamos IDEAS y PENSAMIENTOS.

Estas ideas y pensamientos se basan en un espíritu concreto sobre el que pueden prosperar. En primera instancia, tenemos que proponernos cultivar algo a nivel material y el punto crucial para ello es **nuestra INTENCIÓN espiritual**.

La INTENCIÓN debe ser positiva y provenir directamente del CORAZÓN. Esta es la clave del exito.

> *«El ser humano debería aprender a pensar con el corazón y a sentir con el intelecto.»*
> Theodor Fontane

La INTENCIÓN del ser humano, hasta ahora, consistía en acumular y multiplicar el DINERO.

No obstante, esta intención ha quedado obsoleta, **pues no nos trae la felicidad**.

En el futuro, ya no se tratará de acumular dinero y propiedades.

En el futuro, el ser humano ganará DINERO cuando este sea útil **para él Y para la sociedad**, especialmente si lo hace desde el corazón.

La moraleja:

Nuestra INTENCIÓN consiste – nuestra intención vinculada al CORAZÓN – **en servir al ser humano y al medio ambiente a través de cómo distribuimos el dinero. De este modo, prosperará el uso del dinero y se multiplicará.**

Por consiguiente, tenemos que unir el DINERO con el CORAZÓN.

El DINERO es el resultado de un producto o de un servicio que fabricamos o prestamos.

El CORAZÓN está vinculado a este producto o servicio, pero no va unido a lo que se genera a partir de él: DINERO. Hasta la fecha, hemos dejado el dinero en manos de instituciones tales como bancos, aseguradoras, fondos de inversión etc., librándonos así de la responsabilidad derivada de nuestro DINERO, en lugar de preocuparnos nosotros mismos por él y actuar bajo la propia responsabilidad.

En el pasado, la industria financiera invertía el DINERO de sus clientes de forma totalmente responsable para que pudiera seguir fluyendo. Sin embargo, el flujo del dinero disminuyó cuando instituciones y gobiernos dejaron de manejar el dinero de sus clientes y de los ciudadanos de manera responsable, respondiendo a la INTENCIÓN consistente en maximizar rendimientos y ganancias. Ni que decir cabe que no siempre han actuado con ética.

Si aprendemos a gestionar bien el DINERO desde el CORAZÓN, TODOS salimos BENEFICIADOS, ya que no actuamos para el BIENESTAR del individuo, o sea, del EGO.

El mensaje es: el DINERO debe emplearse en BENEFICIO DE TODOS.

«Al pueblo y al mundo les iría mejor
si el dinero tuviera más corazón
y el corazón, más dinero.»
Proverbio judío

La función del DINERO no consiste en servir al EGO o contentarlo, sino ser de utilidad para el ALMA. **Del ALMA provienen la satisfacción, la salud, la armonía y la alegría**, mientras que del EGO provienen la avidez y el miedo, la envidia y el resentimiento, la insatisfacción y las enfermedades.

Tenemos que aprender a cambiar nuestra forma de pensar para poder emplear así el dinero **en beneficio de todos** y sanar nuestra ALMA y conciencia.

Se pueden curar las ALMAS si transformamos el dinero.

Parte del dinero tiene un origen poco ético, es decir, que se obtuvo por medios no éticos. No me refiero solamente al dinero de la generación actual, sino del dinero de generaciones pasadas.

Me refiero, por ejemplo, el dinero que ganaron empresarios mediante la fabricación de material de guerra u otros bienes que perjudicaron a personas o al medio ambiente. Podemos afirmar que este DINERO no tiene un origen ético. Este hecho podría perjudicar a la salud de las generaciones futuras, ocasionando problemas económicos o de salud, incluyéndose depresiones o el suicidio.

En mi opinión, hasta el momento la ciencia no ha conseguido identificar con suficiente profundidad el vínculo entre el dinero inmoral y las enfermedades mentales o espirituales. Sin embargo, estoy plenamente convencido de que este dinero y las enfermedades mentales están realmente conectados.

«El dinero es nuestro espejo.
Puede reflejar más que nuestras sombras.
Es el espejo de nuestra alma.»

Anónimo

En mi vida, he conocido a mucha gente y siempre me he interesado por su biografía.

Un día, me contaron la historia familiar: un hombre de negocios con gran éxito era muy feliz con su vida, repleta de riquezas materiales, hasta que un día se le acabó la buena suerte y le echaron del trabajo. Buscó un trabajo nuevo. Pero eran tiempos difíciles, así que se hizo autónomo.

Pero aun así, no tuvo gran suerte y se preocupaba por su joven familia. Su mujer había permanecido siempre a su lado, pero empezaba a darse cuenta de que las cosas ya no iban tan bien como antes. También ella empezó a preocuparse. Se produjo un bloqueo de energía entre el hombre y la mujer.

El hombre de negocios se sentía bloqueado no solo respecto a su mujer, sino que también sentía que se había erigido una barrera entre él y el dinero. Empezó a buscar las causas de tal situación y encontró la siguiente explicación.

Sus tatarabuelos habían sido comerciantes y antes de la Segunda Guerra Mundial, tenían dos farmacias. Entre otras cosas, vendían productos químicos, que se empleaban para distintos fines. No está demostrado, pero la persona que me lo contó cree que esos productos químicos se emplearon para envenenar a judíos durante el Holocausto.

La hija del tatarabuelo, no obstante, era muy cercana a la comunidad judía y ayudó a algunos de ellos a escapar de Alemania. Esa misma hija tuvo una niña durante la Segunda Guerra Mundial.

Tras la guerra, la hija se suicidó y la causa oficial de su suicidio fue que sufría depresiones. Después de la guerra, su hija tuvo cuatro hijos. Uno de ellos también padecía depresiones y también se suicidó posteriormente. En la familia, había otros miembros adolecidos por el mismo mal de la depresión.

¿Cómo se puede explicar en este caso la relación con el DINERO?
El dinero que ganó la familia en primera instancia no era dinero «limpio» y probablemente no solo procedía de la venta de productos farmacéuticos y químicos.

La persona que me contó toda la historia decidió remediar la situación y cambiar su visión sobre el dinero. A consecuencia de su decisión, cayeron las barreras que le bloqueaban, permitiendo así que el dinero fluyera de nuevo.

Así pues, hay que transformar la INTENCIÓN originaria del dinero generado y convertirla en una BUENA INTENCIÓN, para que el «*bad money*» pueda transformarse en *GOOD MONEY*.

El DINERO cambia cuando lo empleamos para satisfacer las necesidades de las personas, como por ejemplo, la **educación**, la **salud**, la **agricultura ecológica**, el **agua potable**, la **financiación** y el **fomento de los jóvenes** y, por ende, la **promoción del mundo empresarial**.

El propósito del DINERO

«El dinero y la riqueza no son malos de por sí,
sino que solo el hombre puede darles un buen o mal uso.»
Dogma filosófico de los estoicos

El dinero actual no está bien destinado ni bien repartido.
Está en manos de unas pocas personas y de unas pocas instituciones financieras en el mundo. Una distribución más amplia del dinero conllevaría un auge económico global para todos los interesados. Pero para ello hay que tener una nueva conciencia sobre el manejo del dinero.

¿CÓMO utilizamos el dinero?
El DINERO debería servir para poner cosas en MARCHA que brindan el bienestar interior y exterior.
El DINERO debería crear un BENEFICIO, aportar un VALOR AÑADIDO, o sea, que debería servir para prosperar.
Por eso, tenemos que destinarlo a cosas donde pueda crecer. Y para que pueda crecer, requiere apoyo, **un apoyo mental y espiritual**.

Ya no se trata solo de **EN QUÉ podemos invertir el DINERO**, sino también de **CÓMO usamos el DINERO**.

Tenemos que conectar PENSAMIENTOS positivos e INTENCIONES con el dinero y emplearlo de forma positiva. De este modo, crecerán las inversiones.

Si sembramos las SEMILLAS (el dinero) con buenas INTENCIONES e IDEAS y la energía del CORAZÓN, obtendremos una buena cosecha.
Esta es la clave del éxito.

¿DÓNDE empleamos el dinero de modo que aporte un BENEFICIO y un VALOR AÑADIDO?
Sabemos que el dinero es ENERGÍA. Por eso ya no es importante que la inversión del dinero sea «segura», sino que esta ENERGÍA nos brinde el mayor BENEFICIO posible.

El DINERO hay que invertirlo de modo que cree un SENTIDO.
Según mi credo: **el dinero forma parte de la creatividad de las personas.** Porque el ser humano crea nuevas ideas, productos, servicios, sistemas etc. De estas nuevas ideas resultan otras cosas nuevas. Si el ser humano no hubiese desarrollado nuevas ideas, hoy en día no tendríamos ni electricidad, ni ferrocarril, ni coches, ni aviones...
Tenemos que emplear el dinero de tal manera que ayude y sea de utilidad para el ser humano.

¿Y cómo podemos conseguirlo? Pues adoptando una nueva forma del capitalismo, **una humanización del capital**, porque el capital y el ser humano van de la mano. La humanización del dinero tiene lugar cuando reconocemos el dinero como un medio que nos sirve para hacer cosas positivas.

Sobre este tema, el Dalai Lama dice:
«La riqueza no es mala, sino que depende de cómo la utilizamos. La riqueza no es algo negativo si la obtuvimos por medios honestos y sin perjudicar a otras personas o al medio ambiente. Nuestra sociedad ha enfermado porque no es así.

La satisfacción de la mayoría de personas adineradas, que solo piensan en acumular el dinero sin distribuirlo, es lo que pone enfermo. La gente rica deberían contribuir a reducir la pobreza. El afán egoísta para acumular cada vez más y más dinero, y tener más y más propiedades, perjudica a la persona en cuestión y a su familia.

El capitalismo valora mucho la creación de bienestar y su distribución. Pero el bienestar no está repartido. Somos testigos de cómo los ricos se hacen cada vez más ricos y los pobres son cada vez más pobres y su situación empeora. Vemos que el ser humano cuenta demasiado poco. El bienestar es un requisito indispensable para llevar una vida feliz.»

El dinero debería estar al servicio del ser humano y no el ser humano al servicio del dinero.

Deberíamos destinar el DINERO a fines necesarios para las personas y la Tierra, que contribuyan a la innovación, que tengan sentido y que se correspondan con nuestras necesidades.

Pero el dinero se emplea sin que haya ninguna relación entre las necesidades más profundas y las convicciones del ser humano. La razón de ello: la economía globalizada sigue rigiéndose por los antiguos valores de la maximización de beneficios y la explotación del ser humano y de la naturaleza. A la larga, una situación así no es sostenible, más bien todo lo contrario, conlleva la destrucción vital.

La industria financiera del futuro debe emplear el poder del dinero a fines que fomenten y conserven la vida. Debe desarrollar una postura que valore todas las formas de vida y debe reencontrarse en su función de servir.

¿Cómo podemos crear el cambio y la transformación del dinero de forma positiva y que salga bien? Hay una sola instancia de control, y esta es la sabiduría del corazón. **La sabiduría del corazón nos permitirá abrir paso hacia una transformación fundamental** que lleve al ser humano a administrar el poder del dinero de forma que esté destinado a la vida. El corazón es el tacómetro más importante del organismo.

«De entre todas las posesiones en la faz de la tierra, tener un corazón es la más valiosa.»

Johann Wolfgang von Goethe

La distribución del DINERO

«La riqueza no tiene ningún valor real
si no está al servicio del ser humano.»

Jeque Zayed bin Sultan Al Nahyan

Sabemos que nuestro PATRIMONIO personal yace en nuestros **potenciales y talentos, en nuestra creatividad, nuestros pensamientos y nuestra imaginación.** Con este patrimonio podemos construir algo nuevo en cualquier momento.

Sabemos los OBSTÁCULOS son nuestras preocupaciones, dudas y miedos, nuestra adherencia y dependencia de cosas materiales y nuestro EGO.

Podemos superar estos obstáculos y crear una nueva base para la vida si cambiamos de enfoque: **nuestra INTENCIÓN debería consistir en hacer algo útil y con sentido con nuestro dinero.**

Para ello, tenemos que **abrir nuestro corazón** y destinarlo a proyectos que nos lleguen al corazón. Si lo hacemos, el dinero tendrá un efecto muy positivo en nuestros sentimientos.

¿Y cuáles son los proyectos que nos llenan el CORAZÓN?

a)   **Invertir en EDUCACIÓN**

El ser humano quiere vivir con ALEGRÍA.
El ser humano quiere estar SANO.

La EDUCACIÓN sienta los fundamentos de la humanidad.

Es precisamente ahí donde deberíamos invertir, ya que sin educación, no somos conscientes de nuestros talentos, nuestra capacidad de creación y nuestra salud.

- Necesitamos escuelas que enseñen VALORES y la VIDA.

- Necesitamos escuelas de TALENTO, SALUD y AGRICULTURA.

- Necesitamos un SISTEMA EDUCATIVO nuevo para nuestros hijos - a nivel mundial.

El sistema educativo y de formación actual está anticuado porque parte de modelos de pensamiento ya superados.

El sistema educativo actual solamente enseña a nivel racional, excluyendo así las otras cinco inteligencias, como la inteligencia espiritual, la intuitiva, la mental, la emocional y la creativa, por lo que estas inteligencias no pueden florecer. Precisamente se trata de eso: de desarrollar estos talentos y potenciales y dar vía libre al entusiasmo y a la creatividad.

Hoy, disponemos ya de conceptos nuevos y se están creando aun más.

- Necesitamos CENTROS EDUCATIVOS que ofrezcan un sistema de formación dual.

b) Invertir en SALUD

El segundo pilar más importante de la humanidad es la SALUD.
Sin salud no podemos aplicar por completo nuestros talentos y fuerza creadora.
Tenemos que aprender a alimentarnos, a vivir y a pensar de forma saludable.
Es por ello que necesitamos ESCUELAS de SALUD y CENTROS de SALUD (*HEALTH-Centers*).

El aprendizaje de la precaución sanitaria holística abarca la purificación del organismo, el uso de remedios naturales y agua alcalina, aprender más sobre las células del cuerpo humano, una alimentación saludable, la salud del hogar, la salud física, la salud mental, la salud emocional, los pensamientos saludables, el manejo saludable del dinero y la fe en algo superior.

c) Invertir en SERES HUMANOS y sus potenciales

Otro fundamento igualmente importante para la humanidad es la financiación de ideas de negocios y, por lo tanto, el desarrollo del mundo empresarial.
El DINERO es un medio, es un instrumento que nos ayuda a fomentar la vida y todo lo vital.

Deberíamos invertir el dinero en aquello que necesitamos los humanos y la Tierra y que promueva la innovación.
Invertimos el dinero en VALORES que nos llegan al CORAZÓN, en proyectos responsables, con sentido y sostenibles.

De este modo, incentivamos a estas personas para que sean de utilidad a sus compañeros de trabajo, a sus clientes y al medio ambiente. Y estas personas aportan corazón e intelecto, creatividad e intuición. Esta es la base del éxito económico.

«La sostenibilidad es el modelo empresarial más rentable porque satisface a la gente de forma permanente y no solo por un momento.»
Dr. h.c. Helmut Maucher

Nuestro lema es el siguiente: las personas disfrutarán de su trabajo una vez hayan descubierto sus potenciales verdaderos. El trabajo resulta fascinante cuando se corresponde con nuestros intereses, porque deja de ser «trabajo» para convertirse en una pasión.

La gente dejará de aprender una profesión y seguirá sus DONES, que pueden ser muy polifacéticos. No verán estos talentos como un TRABAJO que DEBEN hacer, sino que DISFRUTARÁN haciendo las tareas que se les han asignado.

Si personas felices y satisfechas ofrecen servicios y fabrican productos, ello tiene un efecto positivo sobre los consumidores y, por consiguiente, en la empresa.

Un ejemplo es la cadena latinoamericana de cafeterías «Crepes & Waffles».

Esta empresa solamente emplea a madres solteras y les da la oportunidad de trabajar en condiciones humanas, al mismo tiempo que pueden cuidar de sus hijos. Para estas madres, la empresa es su segunda familia, pues les pone a disposición toda una red social: un buen salario, seguro médico y supervisión infantil en la guardería, refuerzo extraescolar y becas para la escuela.

Cuando se ha alcanzado una determinada antigüedad en la empresa, se ofrece a las madres la posibilidad de financiar una vivienda propia con un crédito sin intereses.

El resultado: las madres se comprometen enormemente con su trabajo y son responsables, mientras que la empresa gana dinero y experimenta un gran éxito.

d) Invertir en la TIERRA: agricultura, agua y energía

Los inversionistas privados, las fundaciones y los inversionistas institucionales quieren invertir su dinero CON SENTIDO. Además de la educación, la salud y la inversión en seres humanos, destinar el dinero a otras necesidades de las personas, como la alimentación, el agua y la energía, es de suma importancia.

Nuestro PLANETA nos ofrece: la tierra y el mar.
- Deberíamos invertir en la TIERRA y en proyectos que den valor a la tierra.
El ser humano administrará la tierra de una manera totalmente nueva.
Se desarrollarán y patentarán nuevos procedimientos.

Llegaremos a una situación como la que describo a continuación:
Los inversionistas adquieren o arrendan terrenos rurales.
En primer lugar, estos terrenos son revitalizados para obtener cosechas más provechosas y contribuir a la salud de las personas.
Los nuevos agricultores han recibido formación previamente en nuestras escuelas agrícolas, donde aprenden a gestionar la tierra, las semillas y la cosecha con plena conciencia, es decir, de forma totalmente nueva y en favor de la prosperidad. Transmitimos a estas personas una nueva conciencia y les respaldamos en su desarrollo personal. Esta actividad equivale a su pasión y vocación.

Vendemos la cosecha y empleamos los beneficios a discreción del inversionista correspondiente:
Las fundaciones lo destinan a su finalidad determinada.

Los fondos de pensiones financian así las pensiones de los jubilados.

El inversionista privado destina sus ganancias a cubrir sus necesidades personales, o dona una parte al bienestar común, por ejemplo, mediante la financiación de escuelas de valores y de vida.

- AGUA:
  El agua es la base de todas las formas de vida. Es la fuente de alimentación de la tierra. Nos suministra energía a los humanos.
  La inversión monetaria en AGUA y, en especial, en fuentes de agua potable, es de suma importancia.

- ENERGÍA: se desarrollarán nuevas formas de energía. Tenemos que invertir en empresas jóvenes que creen formas de energía innovadoras.

¡La financiación de proyectos enfocados a la agricultura, el agua potable y las nuevas fuentes de energía es fundamental para la evolución de la Tierra!

Nuestro nuevo entendimiento sobre el DINERO

«Debes convertirte en el cambio
que deseas ver en el mundo.»
Mahatma Gandhi

Lograremos el reparto del capital entre los seres humanos si les enseñamos a hacer un nuevo uso del dinero y transferimos el conocimiento entre los inversionistas y logramos convencerles para que empleen su dinero de forma distinta a como habían estado haciendo hasta ahora. Una distribución más amplia del dinero conlleva un auge económico global para todos los involucrados.

En el futuro, el dinero no estará desalmado, sino que se invertirá con buenas intenciones y con el corazón. Al mismo tiempo, emitiremos energía positiva a través de nuestro alma.
Las buenas INTENCIONES, un buen CORAZÓN y la ENERGÍA positiva son elementos inmateriales. Si utilizamos dichos elementos para invertir, estaremos más satisfechos y construiremos así nuestra riqueza interior, es decir, seremos conscientes de ello.

Así pues, conectamos el DINERO con principios superiores:
conciencia, fuerza espiritual y energía del corazón.

De este modo, crearemos una base material e inmaterial para las futuras generaciones. Con fundamento inmaterial me refiero al reconocimiento de una nueva actitud y perspectiva sobre lo material, conseguir la satisfacción y el bienestar internos y descubrir los potenciales y talentos propios.

Enseñamos a la gente, empresas e instituciones, una nueva conciencia para gestionar el dinero para que pueda volver a fluir y se pueda volver a emplear con sentido en beneficio de toda la humanidad, las empresas y sus empleados, así como de la sociedad en general. Los fundamentos de nuestro aprendizaje son los VALORES, valores internos como la verdad y la honestidad, la transparencia, la justicia, la estima por los demás así como la autoestima, el sentido común, la confianza y la fe, la simpatía, el amor.
De este modo convertiremos el agua de río impura en un flujo puro.

El ser humano contiene dichos VALORES ya cuando nace, pero no se desarrollaron ni estaban en su conciencia. Hasta ahora hemos prestado muy poca atención a la riqueza interior y hemos preferido centrar la CONCIENCIA en los valores materiales porque creíamos que nos harían FELICES y obtendríamos RECONOCIMIENTO y ADMIRACIÓN.

Hoy, nos toca reformular las metas de la sociedad. Tenemos que cambiar los patrones de pensamiento, empezando ya en la escuela y, en especial, en las universidades. Las Ciencias Económicas se someterán a un cambio radical, pues ha nacido una nueva tendencia: la **economía de la felicidad**. En el futuro, lo más importante será el bienestar de la sociedad, que se configurará como el nuevo Producto Interior Bruto.

El modelo empresarial de la banca internacional está sujeto a revisión. La banca está buscando un nuevo modelo. Pero todavía no ha encontrado el modelo óptimo: ganar dinero para el banco y los accionistas y, al mismo tiempo, estar al servicio de su clientela de forma ética y beneficiosa.

Para mí, es obvio que la banca tiene que volver a su función original: tomar y prestar DINERO. Y en el futuro, tienen que implicar el CORAZÓN y las buenas INTENCIONES.

Los beneficios para los inversionistas son múltiples: una mejor salud, una conciencia tranquila y satisfacción interior. Además, contará con rendimientos financieros y sociales en el descubrimiento de nuevas ideas, así como al ayudar a otras personas en su desarrollo personal.

> *«No hay que huir del dinero, hay que acercarse a él.»*
> *Aristóteles Onassis*

Algunas personas se preguntan si el dinero es «MAGIA», porque muchos atraen el dinero fácilmente y como un juego. Sin embargo, no es el caso de la mayoría.
¿Se puede aprender esta «magia»? ¿Podemos aprender a «atraer» el dinero?
La respuesta es sí.

Podemos «atraer» el dinero cambiando nuestra ACTITUD frente al dinero y desarrollando una nueva CONCIENCIA.

- Tenemos que modificar nuestra INTENCIÓN: no centrarnos únicamente en el DINERO, sino en la prosperidad y en nuestra salud y la de los demás.

- Tenemos que crear ENTUSIASMO, entusiasmo por emplear nuestros potenciales y trabajar con ellos. De este modo atraeremos automáticamente a nuevos clientes y, por ende, el dinero vendrá a nosotros.
  En la actualidad, hay mucha gente sin entusiasmo, sin un sentido de la vida, sin fe y sin confianza, y por eso no atraen el dinero.
  Tenemos que recibir y usar el dinero con ENTUSIASMO.

- Hay que invertir en aquello que nos llega al corazón.

- Algunas personas tienen que aprender a no retener el dinero por miedo a perderlo o por tener que vivir en la penuria.

- Otras personas deben aprender a no ver el dinero como algo negativo, como si se tratara de algo «sucio». Deberían aprender a aceptar el dinero con alegría y gratitud.

Un buen ejemplo de éxito financiero y la «atracción» del dinero es **Warren Buffet**, uno de los hombres más ricos del mundo.

Su INTENCIÓN es ganar dinero para los demás, no solamente para sí mismo.

No ha erigido ningún «becerro de oro» con el dinero.

Deja fluir el dinero: lo toma de inversionistas, lo invierte y lo devuelve.

Deja el dinero en libertad y no se agarra a él.

No ve el dinero con miedo, poder, avidez y EGO.

Le gusta su profesión y desempeña sus actividades con ENTUSIASMO.

Él siempre dice que «ama su trabajo». Por eso su dinero se multiplica.

Ya se ha liberado de gran parte de su dinero al donarlo a fundaciones.

Su ejemplo nos permite identificar la facilidad con la que se consigue el éxito financiero.

Sus inversiones han triunfado en nuestro sistema monetario porque han resultado en rendimientos financieros.

En el futuro se establecerán otros requisitos para la inversión, es decir, que el centro de atención no se fijará única y exclusivamente en el rendimiento material o financiero.

El secreto del dinero corresponde al ser humano: en nuestros PENSAMIENTOS y en nuestra CONCIENCIA – nuestra fe y nuestra percepción –, así como en nuestras INTENCIONES.

Y la fuerza de nuestra MENTE es ENERGÍA.

Nuestra riqueza interior

«Como seres humanos, nuestra grandeza yace
no tanto en poder rehacer el mundo,
sino en poder rehacernos a nosotros mismos.»
Mahatma Gandhi

El ser humano posee un PATRIMONIO tanto interior como exterior.

Hasta ahora, el ser humano se había enfocado hacia el patrimonio exterior, si bien en el futuro, el patrimonio interior desempeñará un papel crucial. La riqueza interior es más importante que la exterior, que es pasajera. La riqueza interior nos acompaña incluso cuando abandonamos la Tierra.

Nuestra obligación consiste en descubrir esta **riqueza interior** y desarrollarla.

Es el potencial inmaterial el que hace la fuerza interior del hombre.

Deberíamos capacitar a los demás para que puedan reconocer su **verdadera riqueza interior** y, por tanto, **su ORO interior**. El ORO interior es nuestra ALMA.

Nuestra vida está ahí para aprender, obtener experiencias y dar amor. Para ello, tenemos que transformar la energía negativa en positiva y encontrar el equilibrio de las contradicciones.

En el futuro, habrá que encontrar la UNIDAD,
esto es, el EQUILIBRIO entre
lo interior y lo exterior,
los VALORES internos y externos,
lo material y lo espiritual,
el individuo y la sociedad,
la energía masculina y la energía femenina.

Conozco a mucha gente, personas con dinero y personas sin dinero, gente feliz y gente en búsqueda del sentido, del amor, de la alegría y de la felicidad.
Podemos acompañar a estas personas a lo largo de su camino por la vida, darles VALORES, mostrarles comprensión, ser un ejemplo para ellos y ayudarles a ser conscientes del camino de su vida y tener así una vida feliz.
Pero mi experiencia me dice que cada uno tiene que recorrer su propio camino para cumplir su plan vital o espiritual.

«No se puede enseñar nada a una persona ,
solo se le puede ayudar a descubrirlo por sí mismo.»
Galileo Galilei

Las personas nacemos albergando determinados dones y talentos.
Las experiencias con el entorno, las obligaciones sociales u otras influencias nos sientan las bases que conforman estructuras familiares o profesionales donde no hay lugar para la satisfacción interior o la

ejecución del plan espiritual. Por consiguiente, las personas no están satisfechas consigo mismas, su situación laboral o incluso con su familia, también desde un punto de vista material, como puede ser la gestión del dinero u otros valores materiales.

Entonces es cuando el DINERO se convierte en un valor de sustitución. En lugar de sacar a relucir sus riquezas interiores (potenciales y talentos), y dejar a los demás ser parte de ellas, muchas veces nos obsesionamos por acumular riquezas exteriores.

El gran don del ser humano consiste en ser capaz de cambiar su actitud y su forma de vida.

El ser humano es un ser creador. Crea toda su vida: su riqueza o su pobreza, su salud o su enfermedad, su felicidad o su infelicidad. Sin embargo, muy pocos son conscientes del PODER de su MENTE y de sus convicciones de FE, porque la mayoría han sido abandonados en la ignorancia.

> *«Cuanto más vivo, más claro veo*
> *que el ser humano es la causa*
> *de su propia felicidad o infelicidad.»*
> *Mahatma Gandhi*

¿Qué es la **riqueza interior**? Pues nuestros potenciales y talentos, o lo que es lo mismo, los dones y habilidades con los que nace todo ser humano.

De ellos surgen la **creatividad** y la **inspiración**. La creatividad y la inspiración dan paso a las **ideas**. De las ideas nacen **nuevos desarrollos avances e inventos** cruciales para la humanidad y para la evolución personal del inventor.

Con estos avances e inventos, creamos algo nuevo y de este modo reencontramos el SENTIDO y la ALEGRÍA, la alegría de vivir.

Tenemos que aprender a descubrir nuestra **riqueza interior** y vivirla. Si lo entendemos y lo aplicamos, estaremos satisfechos.

La satisfacción nace a partir de:

1.   El reconocimiento y la conciencia de nuestro interior, nuestra riqueza interior y las caras buenas y malas que van unidas a ella,

2.   La aceptación, es decir, cuando aceptamos nuestro interior.

Pero acceptarlo y vivirlo es muy difícil para mucha gente.

La próxima generación

*«La verdadera riqueza de una nación
no se encuentra en el oro y la plata,
sino en su aprendizaje, su sabiduría
y en la franqueza de sus hijos.»*
Kahlil Gibran

Deberíamos prestar especial atención a las nuevas generaciones, porque nuestros hijos son nuestro futuro.

La juventud actual ha venido al mundo con grandes potenciales y talentos y cuenta con unos dones excepcionales. Incluso me atrevo a decir que las jóvenes generaciones ya poseen una nueva MENTALIDAD, una mentalidad creativa y constructiva. Tienen mucho de lo que se necesita para rehacer la Tierra y hacerla más valiosa para la vida. Muchos de ellos han venido ya albergando estos potenciales. Solo tenemos que identificar los talentos y desarrollarlos.

El lado positivo es que hoy en día podemos hacer visibles, o sea ser conscientes de estos talentos, algo imposible para las generaciones pasadas. La juventud actual ha recibido encomendada una tarea especial: debe tomar las riendas de nuestro planeta de forma más humana, ética y moral de lo que han hecho las generaciones hasta ahora.

Decencia, honestidad, veracidad, predisposición a ayudar y solidaridad son ya algunos de los pilares de su convivencia. Piensan en los demás y no contra los demás. El reconocimiento y la honra les llevarán al bienestar común gracias a su contribución.

En la próxima generación veo una situación y un futuro prósperos.

Sin que sus padres sean conscientes de ello en la actualidad, estos jóvenes tienen el mundo ante sí, un mundo cuyos habitantes ya no buscan la FELICIDAD o el SENTIDO, sino que lo vivirán porque comparten IDEALES y VALORES, porque la importancia del dinero y los bienes materiales será cada vez menor, mientras que la riqueza interior ganará peso.

Sin embargo, el sistema escolar y educativo conforma un obstáculo para nuestros jóvenes, porque parten de modelos de pensamiento anticuados. Se sigue formando solo a nivel racional, sin que se fomenten los otros potenciales e inteligencias, impidiendo así su desarrollo. Ahora es el momento de desarrollar justamente estos talentos y potenciales.

Trabajaremos para sacar adelante nuevas formas de pensar y activar y desarrollar las cinco inteligencias – a saber: la espiritual, la intuitiva, la mental, la emocional y la creativa – de estos jóvenes para que puedan aprovecharlas mejor de cara al futuro.

Hasta ahora, cuatro quintas partes de la inteligencia eran improductivas en la economía y estaban condicionadas por la formación y la educación. De este modo, se obstruía la afluencia de inspiración, sentido, fascinación y entusiasmo floreciente. Esto perjudica a las empresas actuales.

Hoy más que nunca es necesario integrar todas las inteligencias. Incluir la utilidad de todo el potencial de inteligencia es la base para hacer que una empresa tenga éxito tanto a nivel económico como personal, y que goce de salud social.

Así pues, tenemos que prestar atención a las generaciones venideras para que la semilla pueda brotar y alcancemos resultados notables. Hay que incentivar a los jóvenes y promover sus talentos e ideas de negocio.

No solo tenemos que dar a los jóvenes la educación y la formación correctas, sino que también tenemos que darles la oportunidad de materializar sus ideas.

Cuando las generaciones mayores les ponen a disposición DINERO «sin condiciones» se les permite poner en práctica sus potenciales.

El dinero permanece en la Tierra, no podemos llevárnoslo cuando nos vamos.

Por consiguiente, forma parte del círculo del dinero que estos recursos pasen de las generaciones mayores a las jóvenes, a condición de que hagan un buen uso de ellos.

Entre medio, debe haber personas sabias y experimentadas, cuya tarea consista en acompañar el proceso del empleo del dinero y apreciar a los jóvenes, sus dones y potenciales, sus capacidades éticas y morales, así como sus ideas de negocio.

**El mensaje es transferir el dinero
de las generaciones mayores
a las jóvenes generaciones.**

Actualmente, las generaciones mayores se agarran a lo material, no se pueden liberar. Su centro de atención yace todavía en los RENDIMIENTOS financieros. Y sin embargo, en principio, lo que quieren es la prosperidad de sus HIJOS y sus NIETOS.

Nos preocupamos por convencer a los mayores para que dejen
algo a las jóvenes generaciones,
algo por lo que los que vendrán después les recuerden,
algo que sea útil a la sociedad con carácter permanente.

De este modo, estas personas no solo harán felices a sus hijos y nietos, sino que también se harán felices a sí mismos. Utilizar el dinero con estos fines significa recibir un rendimiento emocional. El inversionista es testigo de la alegría que brinda a los jóvenes y del crecimiento interior de estos. Ve cómo se multiplica su inversión y qué grado de innovación supone para la sociedad. Así que obtiene dos rendimientos: uno financiero y otro emocional.

**Emplear el dinero en favor de la humanidad
crea energía positiva.**

Las generaciones mayores se darán cuenta de que el dinero solo tiene valor si se pone a disposición y se presta a la gente – a la nueva generación. Recuerdan así el entusiasmo que tenían cuando eran jóvenes.

¿Quiere dejar algo por lo que la gente le recuerde?

«La máxima recompensa por nuestros esfuerzos no es la que recibimos sino aquello en lo que nos convertimos.»
John Ruskin (1819-1900)

¿Quiere que parte de su patrimonio se emplee para algo importante y valioso para la humanidad?

A lo largo de mi vida he visto cómo las personas dejaban el caos cuando se iban.

- Hijos peleándose por la herencia mientras los abogados se quedan con la mayoría del patrimonio en forma de honorarios.
- Herederos que derrochan el dinero para tener un «*good lifestyle*».
- Miembros de una familia que llevan la empresa del fundador a la quiebra.

Una vez, le aconsejé a un hombre de negocios muy acaudalado que destinara su dinero, por el que no había tributado impuestos, a la construcción de escuelas de la VIDA y de VALORES. Pero su EGO y su forma de pensar, así como su convicción de la vida, le impedían cambiar su actitud hacia el uso del dinero, ni tampoco le dejaban legalizarlo, que es lo que le recomendé en primer lugar, pues obviamente, estoy a favor de que la gente gane dinero por medios legales y paguen los impuestos correspondientes.

Cuando este amigo murió, los hijos fruto de su primer matrimonio se pelearon con su última esposa por la herencia, valorada en más de 100 millones de dólares. Por consiguiente, el dinero fue declarado oficialmente a las autoridades tributarias. 80 millones de dólares se los quedaron directamente las autoridades tributarias y los 20 millones restantes fueron distribuidos entre múltiples herederos, que lo emplearon para satisfacer sus necesidades propias.

Si todas estas personas de la generación mayor no se dejaran llevar por el EGO, ¡cuántas cosas buenas se podrían hacer con el dinero!

En los Estados Unidos, personas como **Bill y Melinda Gates** y **Warren Buffet** han logrado inspirar a personas acaudaladas para devolver parte de su patrimonio a la sociedad. Pero es cosa de uno mismo decidir hacia dónde fluye su patrimonio.

Estos «Giving Pledge Members» también pueden ayudar a cambiar el mundo llevando su dinero a un FONDO en beneficio de las próximas generaciones. Al final, abandonamos la Tierra, pero nuestro dinero permanece aquí.

Invertir en la próxima generación aporta un enorme valor a la sociedad y da libertad espiritual a nuestras almas. Este es un legado magnífico.

———

¿Qué es lo que nos empuja actualmente a ganar dinero?

Son los rendimientos financieros y el afán por encontrar *deals* para ganar dinero.

No obstante, cabe preguntarse:
¿Acaso la SALUD no es más importante?
¿Acaso la EDUCACIÓN no es más importante?
¿Acaso un SENTIMIENTO de satisfacción no es más importante?

¿El rendimiento financiero seguirá siendo lo que nos impulse a ganar dinero en el futuro?

En el futuro, las personas se darán cuenta de que la riqueza yace en sus potenciales. Cambiarán el dinero por las necesidades reales en su vida.
Así, el dinero dejará de tener un significado excesivo, se dará con amor y se recibirá con gratitud.

¿Qué INTENCIÓN persigue usted con su DINERO?

¿Qué VALOR tiene el DINERO para usted?

¿Le aporta ALEGRÍA? ¿Le da un SENTIDO?

¿Le otorga una buena SENSACIÓN tener su dinero en el BANCO?

¿Le gusta asumir la RESPONSABILIDAD por su dinero?

¿Le gustaría compartir parte de su patrimonio y hacer algo VALIOSO para la humanidad?

FUND for the next Generation

*«Si quieres construir un barco, no reúnas
a las personas para hacer planes,
distribuir el trabajo, coger las herramientas
y cortar madera,
enséñales a sentir nostalgia
por un mar más grande, infinito.»*

Antoine de Saint-Exupéry

El **Fund for the next Generation** invierte en EDUCACIÓN, SALUD y en SERES HUMANOS.
El fondo invierte en economía real: en personas, en agricultura, en agua potable y en nuevas fuentes de energía. Por lo tanto, promovemos el sector empresarial y creamos puestos de trabajo. El fondo concede créditos y participa en empresas.

Se trata de un fondo para la próxima generación, que son **nuestros hijos y nietos.**
Al fin y al cabo, todos queremos estar sanos y que los demás también gocen de SALUD.
No olvidemos que si invertimos en agricultura, agua potable, nuevas energías o educación, invertimos en SALUD.

Nosotros aportamos DINERO a las PERSONAS, a sus habilidades e «ideas».
Apoyamos a las jóvenes generaciones invirtiendo el DINERO con ESPÍRITU y les acompañamos en sus vidas y negocios.

El resultado es que ellos trabajan con CORAZÓN y VISION de futuro. Desprenden energía y entusiasmo. Crean nuevas tecnologías e innovaciones en los ámbitos del medio ambiente y la energía, la comunicación, el sistema sanitario, la medicina, la educación, la formación y la educación de los hijos, la alimentación y el hogar.

Estas personas necesitan capital para poder poner en práctica sus ideas de negocio. El fondo les pone a disposición este capital en forma de créditos o participaciones. Los patrocinadores son, al mismo tiempo, mentores de los jóvenes empresarios y les transmiten sus conocimientos.

Esta transmisión debe someterse a un «*proceso de valoración*».
El marco de valoración y evaluación para la transferencia de los mayores a las generaciones más jóvenes es determinado por un «Consejo de Sabios».
El Consejo de los Sabios acompaña el proceso de inversión del dinero y transmite a los jóvenes sus experiencias y conocimientos.

El Fondo:
La gente lega parte de su patrimonio a este fondo, o disponen contractualmente que su herencia pase a este fondo tras su fallecimiento.

Las empresas y los bancos destinan parte de sus beneficios a este fondo generacional.

Los fondos sin propietario de los bancos también pasan al fondo.

Mis propias experiencias

«Cuando una puerta se cierra, hay otras puertas
más grandes y mejores que quieren abrirse.
No te quedes en la puerta entreabierta.
Deja que se cierre
¡y estate preparado para las nuevas puertas
que quieren abrirse de par en par para ti!»
Anónimo

En la primera mitad de mi vida, el dinero estaba muy presente, ya que trabajé 30 años la banca internacional. Durante este tiempo, me di cuenta de la imprudencia con la que se manejaba el dinero. Y también me di cuenta de que el objetivo de mucha gente consiste en obtener el máximo rendimiento posible. Paralelamente, esas personas temían perder dinero.

Creo que nuestro sistema monetario nos ha ido bien hasta la fecha. Pero ahora el ser humano experimenta una nueva conciencia que implica la creación de un sistema nuevo. Porque nos hemos dado cuenta de que el sistema que tenemos y el manejo del dinero no nos hacen felices a largo plazo ni a nivel transgeneracional.

Sin embargo, en la primera mitad de mi vida, no era suficientemente consciente de las otras riquezas de la vida – de la riqueza inmaterial. Esto tuve que aprenderlo en la segunda mitad de mi vida. Para poder ser consciente de esta riqueza inmaterial, tuve que perder una gran parte de mi riqueza exterior.

No me gustó ver cómo se iba e intenté desesperadamente agarrarme a ella. Más doloroso fue si cabe el proceso de dejarlo ir. Estaba deshecho. Todo lo que tocaba, con la esperanza de volver a obtener dinero, se me escapaba entre los dedos. Sin embargo, en el fondo sabía que tenía que ser así.

Experimenté un gran cambio al aprender que el dinero no lo es todo en este mundo.

Reflexioné sobre mí mismo. Leí libros y estudié las biografías de personas con grandes capitales: los magnates y líderes de la industria como los Médici, los Fugger, Alfred Nobel, Paul Getty, Aristóteles Onassis, Giovanni Agnelli, la familia Kennedy, Edmond Safra y las familias alemanas Friedrich Karl Flick, Alfred Krupp, Fritz Thyssen, Harald y Herbert Quandt.

Aprendí mucho sobre su relación y la relación de sus hijos con el dinero.

Entonces, me pregunté si estos grandes magnates del dinero habían gestionado su patrimonio en beneficio de las personas y de una forma admirable.

Llegué a la conclusión de que los acontecimientos – el destino y las enfermedades – por los que pasa una familia están vinculados a cómo se obtuvo el dinero originariamente.

Más tarde, me adentré en la vida de personas «iluminadas» y sabias.

Poco a poco, llegué a la conclusión de que todo tiene un sentido.

Ahora creo que es mi función en esta vida encontrar un nuevo SENTIDO para el DINERO y contribuir a crear un mundo mejor para todos.

«Todo lo que está detrás y delante de nosotros
no es nada en comparación
con lo que yace en nosotros.»
Ralph Waldo Emerson